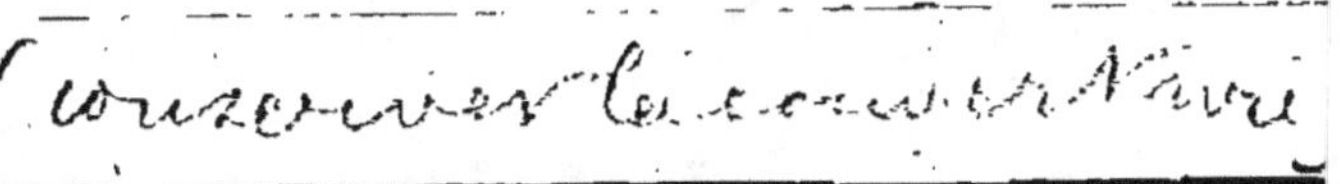

ÉPISODE

DU SIÉGE

DE SÉBASTOPOL

Mᵐᵉ CAROLINE VERDOIS

PARIS

IMPRIMERIE H. CARION

RUE BONAPARTE, 64

—

1856

ÉPISODE

DU

SIÉGE DE SÉBASTOPOL

Paris. — Imp. H. Carion, rue Bonaparte, 64.

ÉPISODE

DU

SIÉGE DE SÉBASTOPOL

À VOUS, MÈRES DE CHARITÉ !...

Sébastopol, les feux avaient cessé sur tes remparts ! Sébastopol, tes murs avaient vu moissonner l'élite de nos guerriers, ton sein avait reçu notre armée victorieuse, et déjà la renommée portait au loin ton nom, que la bravoure de nos soldats et de nos généraux fera inscrire en lettres d'or sur nos étendards.

Salut, Sébastopol ; et permets à ma plume de citer un trait touchant qui s'est passé au pied de tes murailles.

Nombre de braves jonchaient la terre et sans distinction de nations ni de religions, tous recevaient les mêmes soins.

Honneur à vous, humbles sœurs de charité, qui savez trouver en vous force et courage, pour surmonter la faiblesse de votre sexe, vous, qui par votre zèle ardent, pour soulager tout être souffrant, devenez, pour chaque soldat blessé, une sœur attentive, une mère dévouée.

Femmes admirables, par une de vos compagnes s'est accomplie une de ces actions, dont tout cœur généreux proclame avec bonheur la vérité.

Pour ne pas déplaire à cette âme pieuse et humble, je tairai son nom, et lui donnerai celui de Sœur des Anges, qui peut-être lui est déjà donné au ciel.

Sœur des Anges ainsi que ses fidèles compagnes, n'avait pas cessé de donner ses soins, à nos défenseurs, et nombre de nos frères de la Crimée pansés par sa main légère, avaient éprouvé un très-grand soulagement.

Suivant l'usage, les blessés sont relevés immédiatement après l'action, et transportés à une ambulance établie dans le camp.

Sœur des Anges n'était pas à l'ambulance, ses compagnes se demandaient si par malheur cette jeune sœur avait succombé dans cette terrible journée; elles priaient pour elle, et les soldats regrettaient cette pieuse femme.

Sœur des Anges, pendant qu'on s'occupe

de toi, tu es restée seule sur le champ de bataille, car tu es inspirée de Dieu, et tu devines qu'un être encore vivant est parmi les morts, qu'un frère qui a été oublié réclame tes soins, un sentiment que tu ne peux t'expliquer te porte à croire que l'âme de ce frère est peut-être en danger ; et avec un sublime courage, tu mets la main sur le cœur de ces pauvres victimes, qui en mourant se trouvaient heureuses de perdre la vie pour la gloire de leur pays.

Le jour baissait, et Sœur des Anges ne trouvant que des morts sur ses pas, se repentait qu'un zèle immodéré l'eût entraînée si tard, éloignée de tout secours, quand elle aperçoit un jeune Turc, dont la figure livide lui fait croire que ce n'est plus qu'un cadavre ; elle s'arrête, et tombant à genoux, elle invoque Dieu pour ce malheureux, qui ne le connût pas, et implore pour lui sa miséricorde.

Mon Dieu, s'écrie-t-elle, il a peut-être bien suivi la loi naturelle, pardonnez-lui, et recevez-le dans votre royaume ; sa prière terminée, ses mains retombent avec force sur cet homme ; un gémissement y répond, Sainte-Vierge, il n'est pas mort, Ah ! venez à mon aide, que je le rende à la vie et qu'il devienne chrétien ; et notre jeune sœur s'empresse d'examiner les blessures de ce malheureux.

Deux à la tête sont promptement pansées, par elle, mais une profonde à la poitrine lui laisse apercevoir un sang noir qui ôte toute respiration, il faudrait faire couler le sang ou le malheureux va expirer, comment faire? Le camp est trop loin, le temps d'aller chercher un chirurgien, l'âme aura quitté ce corps, Sœur des Anges prie Dieu de l'inspirer et soudain une pensée s'offre à son esprit, en suçant la plaie elle sauvera le pauvre Turc, et lui donnera peut-être le temps de devenir chrétien.

Fille pieuse et charitable, toi dont les lèvres pures ne touchent que le pied de la Croix qui est à ton chapelet, tu ne crains pas de les appuyer sur la poitrine de ce mourant, sur ses chaires ensanglantées ; épouse du Christ, tu n'hésites pas un instant, et te penchant sur le pauvre blessé, tu attires ce sang noir qui l'étouffe, bientôt un sang moins épais arrive, la respiration se rétablit, et cet homme est rendu à la vie.

Sœur des Anges panse la blessure, appuie la tête du blessé sur ses genoux, et verse sur ses lèvres une liqueur contenue dans une gourde suspendue à son côté ; cet élixir achève ce que le dévouement de Sœur des Anges avait si bien commencé, le militaire ouvre les yeux et sa bouche balbutie quelques mots inintelligibles, son regard rencontre celui de sa libératrice, et si ce n'était le costume de la religieuse, elle lui paraît si belle, qu'il la prendrait pour une houris, il prend sa main et la portant à ses lèvres, il lui exprime ainsi toute sa gratitude.

La nuit était venue, un beau clair de lune avait remplacé le jour, et notre bonne religieuse se demandait comment elle allait faire pour transporter son blessé jusqu'à l'ambulance, comment même elle se ferait entendre des avant-postes ? Elle craignait aussi que malgré tous ses soins, le Musulman qui semblait retomber en faiblesse ne succombât à cette blessure, elle ne voulait pas le voir mourir sans qu'il fût chrétien, et malgré toute sa fatigue, rassemblant ses forces, elle lui fit un oreiller du sac d'un soldat mort, et prenant le manteau d'un officier qui gîsait à quelques pas de là, elle parvint à l'en envelopper, puis elle lui donna encore de l'élixir, et s'agenouillant près de lui, elle lui montra le ciel étoilé en lui faisant signe qu'il était bien beau, et qu'il valait mieux l'habiter que cette terre sur laquelle on souffre tant ; elle prit son turban, et le jetant loin d'elle, elle chercha à lui faire comprendre qu'il fallait pour aller dans ces belles régions abjurer la religion de Mahomet, puis touchant ses blessures et lui faisant voir la croix qu'elle pressait avec amour sur son cœur, elle parvint à lui faire comprendre que la religion chrétienne seule faisait des martyrs, et que c'était sa foi en Dieu qui l'avait soutenue jusqu'à ce jour et lui avait donné la force de le sauver, que c'était donc à son Dieu qu'il devait l'existence, et qu'il devrait par reconnaissance se faire chrétien.

Le Turc suivait attentivement les mouvements de Sœur des Anges, qui animée par la religion, par Dieu sans doute, qui l'aidait en ce moment dans sa sublime mission, parvint tellement à se faire entendre de ce pauvre être dans le cœur de qui la grâce agissait, que le Musulman saisit vivement la croix que la religieuse lui offrait, et la mettant lui-même sur son cœur, il lève les yeux au ciel comme pour implorer ce Dieu nouveau, et le prier de le laisser vivre.

A cette vue, la religieuse est transportée de bonheur, et n'ayant pas d'eau, elle verse sur la tête du Turc quelques gouttes de sa gourde, et faisant le signe de la croix sur ce mourant, demande à Dieu qu'il veuille bien sanctifier ce baptême, et recevoir parmi ses enfants, celui dont l'esprit en ce moment semble s'éclairer du flambeau de la foi.

Sainte fille, verse la vie spirituelle dans cette âme, qui égarée dès le berceau, vient par toi d'entrevoir la lumière, ta charité n'a demandé à la triste mort que de suspendre ses coups quelques moments, mais Dieu veut récompenser ton beau dévouement et ta vive foi, il veut combler de ses faveurs ce nouveau néophyte.

A peine baptisé, le blessé paraît reprendre une nouvelle existence, sa figure exprime le bonheur, il sourit à Sœur des Anges et semble lui dire, je ne mourrai pas ; ton Dieu, qui maintenant est le mien, m'a donné une

double vie ; puis ses yeux se ferment douce-
ment ; ses mains retombent en laissant échap-
per le Christ, et la religieuse croit que le Turc
a cessé de vivre ; mais, qu'elle est sa surprise
de voir qu'un sommeil doux et bienfaisant
s'est emparé de ses sens.— Ah ! s'écrie-t-elle
en versant de pieuses larmes, merci, mon
Dieu, d'avoir exaucé la prière de cet homme
qui peut-être vous a demandé la vie pour
revoir quelques êtres bien chers.

Sœur des Anges prit elle-même un peu
d'élixir, car ses forces l'abandonnaient, et
elle attendit avec patience le jour à paraître ;
dès que son cher blessé fut réveillé, elle lui
fit comprendre qu'elle allait le quitter un
instant pour aller chercher du secours, mais

le pauvre Turc ne voulut pas la laissser partir,
et si nos soldats n'étaient venus eux-mêmes,
pour enlever les morts, je ne sais comment
cette bonne sœur aurait fait.

Grande fut la surprise de tous en voyant
cette religieuse seule avec ce blessé et en-
tourée de morts. On se presse autour d'elle,
on l'interroge et la modeste fille raconte tout,
excepté sa noble manière de guérir la blessure.

On transporte au plus vite le blessé à l'ambulance la plus proche, mais Sœur des Anges
l'accompagne car elle ne veut pas l'aban-
donner, et chacun lui dit que ce militaire est
son enfant, puisqu'elle lui a conservé la vie.

Sœur des Anges fut à peine arrivée à l'ambulance, que le Turc lui fit exprimer toute sa reconnaissance par un interprète, et lui fit connaître son dévouement en entier, car en revenant à lui, il avait parfaitement senti ses lèvres pures sur sa blessure.

Noble fille ! à cette révélation ton embarras, fut grand, car tu croyais que Dieu seul savait ton secret, tu fus comblée de louanges, et ce qui fut le plus sensible à ton cœur dévoué à Dieu, c'est que le Turc finit en disant que s'il avait le bonheur de revoir ses foyers, il voulait que sa famille aimât le Dieu d'amour qui avait su faire de Sœur des Anges une vraie Mère de Charité.

UN TÉMOIN ANONYME.

Pour copie conforme ;

CAROLINE VERBOIS.